Karin Balmer

Zwischen Himmel und Hölle

1. Auflage:

Herstellung und Verlag:
BoD - Books on Demand, Norderstedt

ISBN: 978-3-7347-6614-5

Inhaltsverzeichnis:

Seite 1	Titel
Seite 2	Inhaltsverzeichnis
Seite 4	Vorwort
Seite 6	Biografie
Seite 7	Blickwinkel
Seite 8	Perlentaucher
Seite 9	Seelenhunger
Seite 10	Bewähren
Seite 11	Freiraum
Seite 12	Loslassen
Seite 13	Engel der Nacht
Seite 14	Morgenrot
Seite 15	Stille
Seite 16	Freundschaft
Seite 17	Tanz des Seins
Seite 18	Sinneswandel
Seite 19	Sonne in der Nacht
Seite 20	Schwerelos
Seite 21	Synergie / Sinnfrage
Seite 22	Seelenruh
Seite 23	Phantasia
Seite 24	Reine Liebe
Seite 25	Mitten im Sturm / Auftauen
Seite 26	Polarsterne
Seite 27	Die Brücke
Seite 28	Vorwärts
Seite 29	Wegweiser
Seite 30	Vertrautheit
Seite 31	Zu neuen Ufern / Zufluchtsort
Seite 32	Notstrom / Neues Land
Seite 33	Im Einklang sein
Seite 34	Lebenswanderung

Seite 35	Gemeinsam
Seite 36	Der unsichtbare Vorhang
Seite 37	Seelenfenster
Seite 38	Freundschaftsband
Seite 39	Neue Spur
Seite 40	Wahre Größe / Stoffwechsel
Seite 41	Siegreich / Mit allen Sinnen
Seite 42	Netzwerk der Liebe
Seite 43	Echolot
Seite 44	Rosenblüte
Seite 45	Herzensraum / Grundfarbe
Seite 46	Unbeschwert / Einordnen
Seite 47	Worte
Seite 48	Rückgrat
Seite 49	Lebenslauf
Seite 50	Lebenskraft / Wüstenblume
Seite 51	Küstenfeuer / Seelenfreundschaft
Seite 52	Leichtigkeit des Seins
Seite 53	Kursänderung
Seite 54	Schreiben
Seite 55	Liebe
Seite 56	Nachwort und Dank / Impressum

Vorwort

Liebe Leserin, lieber Leser,

morgens um 7 an einem Samstag in den Schulferien. Normalerweise sieht mich an so einem Tag vor 11 Uhr kein Mensch. Denn der frühe Vogel kann mich mal. Bin ein absoluter Nachtmensch und am Morgen vor dem ersten Kaffee nicht ansprechbar.

Aber heut ist alles ganz anders. Ein Geräusch hat mich aus meinen Träumen gerissen. Da ich schon mal wach bin, kann ich auch aufstehen. Hole frische Brötchen beim Bäcker, beim Zeitung holen kitzelt mich die Sonne an der Nase, und ich genieße diese absolute Stille, so lange die Familie noch schläft.

Etwas in mir beginnt sich zu regen. Es ist dieses warme Gefühl, welches mir sagt: Für den Bruchteil von einigen Minuten ist einfach mal alles gut. Kein Wunsch, welcher erfüllt sein müsste, keine unerledigte Aufgabe, kein Termin oder Ruf von anderen. Nicht einmal Gedanken, egal ob freud- oder sorgenvoll. Einfach Ruhe in mir. Das Weltgeschehen ist weit weg und die Menschen auch. Meine zarte Seele fühlt sich kräftig genug, dieses Leben zu meistern, mit all seinen Prüfungen. Wo ich auch hinsehe und welchen Bereich meines Lebens ich in Gedanken besuche. Für diesen Augenblick ist alles gut. Mag sein, dass mir an diesem Tag noch weniger Erfreuliches begegnet. Aber diesen kostbaren Augenblick trage ich wie eine Perle in mir. Nehme sie mit durch den Tag und versuche, sie möglichst lange zu bewahren.

In diesem Moment weiß ich, es kann noch nicht alles sein. Es gibt da noch etwas, was in mir schlummert und zur Vollendung drängt. Ein Buch, welches nicht im Schrank verstauben soll. Es will seine Reise aus meinem tiefsten Innern antreten. Hin zu Menschen, welche täglich ihr Leben meistern in dieser kälter werdenden Welt. Ihren Platz suchen, wo Neid, Geld und Machtmissbrauch sich breit machen. Ich wünsche mir, dass meine Texte vielen Menschen einen Augenblick des Durchatmens verschaffen. Dass sie meine Gedanken teilen und sagen: "Genau das habe ich heute gebraucht!"

Meine Biografie:

An einem 24. April kam ich in Bern zur Welt. Schul- und Lehrzeit verbrachte ich in meiner Geburtsstadt. Nach dem eidgenössischen Diplom als Kaufmännische Angestellte folgten Berufsjahre im erlernten Beruf, im Hotelfach und im Verkauf. Sprachen erlernte ich durch Aufenthalte im französischen Teil der Schweiz, in England und Italien. Der Liebe wegen zog ich nach Thun. 1995 heiratete ich, und 2001 kam unser Sohn Benjamin zur Welt. Bezeichne mich als Managerin unseres Familienbetrieb, da Haus, Garten, alles Schriftliche und die Unterstützung meiner Lieben der Arbeit eines Kleinunternehmens sehr ähnlich sind.

Wem das Talent des Schreibens in die Wiege gelegt wird, der soll etwas daraus machen. Durch die Hartnäckigkeit eines ganz besonderen Freundes warf ich all meine Gegenargumente und Ängste über Bord. Ohne ihn wäre dieses dritte Buch nicht entstanden.

Meine Texte entstehen inspiriert durch das Leben und aus meinem tiefsten Innersten. Lebensprüfungen wie Krankheit, finanzielle und berufliche Hürden oder Verlust von lieben Menschen ließen mich stärker werden und schweißten mich eng mit den mir kostbarsten Menschen zusammen. Das Schreiben ist immer auch wieder ein Verarbeiten von Erlebtem.

Nun wünsche ich Ihnen viel Freude beim Lesen!

Karin Balmer

Blickwinkel

Tage ohne Auftrieb.
Müde und antriebslos,
Gedanken wie Gewitterwolken,
müde Dein Gang,
leer Deine Augen.
Mund mag nicht singen;
Seele tränenvoll.
Da setzt sich ein Vogel vor Dein Fenster,
singt, als wär es nur für Dich.
Die Tränen trocknen.

Wage ein Lächeln -
hab das Lied verstanden.
Es sagt:
Es ist ja gut.

Karin Balmer

Perlentaucher

Wir sind einander echte Freunde.
Kostbar, was uns verbindet.
Wie Perlentaucher finden wir,
was dem anderen wichtig ist.

Perlen findet man nicht jeden Tag,
oft auch weit draußen in stürmischer See.

Es braucht nur wenige Worte.
Tiefe und ehrliche,
durchwoben mit Liebe und Respekt.

Perlenfischer brauchen die Freiheit
wie die Luft zum Atmen.
Dennoch bleibt die
Verbundenheit
und nach der weiten Reise
wird der Lohn strahlend sein.

Karin Balmer

Seelenhunger

Wir müssen hier
nicht beten
für das täglich Brot.

Doch manchmal
denk ich,
je mehr wir überflutet werden
mit Dingen
und Ereignissen,
desto mehr
hat die Seele
Hunger
nach Sinn und Inhalt
und dem, was
wirklich Halt gibt.

Karin Balmer

Bewähren

In den Prüfungen des Lebens
geht es Dir oft wie
dem Samenkorn,
welches in der dunklen Erde
sterben muss,
damit Neues entsteht.

So wird auch Dein Sinn
erneuert in den
Tunnelzeiten.

Karin Balmer

Freiraum

Im dichten Netz
der Realität
ist oft wenig
Raum zum Träumen.

Lass gerade
dann nicht zu,
dass sich
die Seile
immer mehr
verstricken.

Schaffe
mit dem Licht
der Phantasie
Freiräume.

Damit Dein
Seelengewebe
wieder
atmen kann.

Karin Balmer

Loslassen

Wenn die Wellen
der Emotionen
sich brechen in mir,
kann ein Ort der Stille
die rettende Sandbank
sein, welche mir hilft,
die Gedanken zu
ordnen und in
verschiedenen
Booten dem Lebensfluss
zu übergeben.

Karin Balmer

Engel der Nacht

Sanft berührte
mich Dein Flügelschlag
und wir flogen
durch die Nacht
zu den fernen Lieben.

An ihren Betten
wachten wir
färbten ihre Träume bunt,
ließen Ruhe, Frieden,
Harmonie und Freude zurück
und flüsterten ihnen ins Ohr:
"Alles wird gut!"

Karin Balmer

Morgenrot

Nacht und Schatten
sind vertrieben,
Seele atmet
Morgentau.

Zufrieden und versöhnt
der letzte Blick zurück.

Herz schlägt mutig,
strebt nach vorne,
wagt die Gegenwart
gewiss.

Es fühlt sich an
wie neues Leben,
in jeder Faser
Morgenrot.

Karin Balmer

Stille

In dieser lauten Welt
hat der Lärm
die Stille verdrängt.

Zünde eine Kerze an
und denke an all die Menschen,
die mir kostbar sind.
Sende einen stillen Gruß
in die Welt hinaus.

Für einen Moment
hab ich all die Seelen berührt
und mehr gefühlt,
als tausend Worte sagen können.

Aus diesem Moment der Ruhe
schöpfe ich Kraft
für den ganzen Tag.

Karin Balmer

Freundschaft

Lass uns tanzen
Hand in Hand,
als wär das Leben
voller Blüten.

Lachen, weinen,
schweigen und
behutsam im Schmerz wiegen.

Im Schatten der Ängste
soll Dein Lebenslicht
nie erlöschen.

Tanzen auf der Lebenswiese,
als wär man ewig jung.

Karin Balmer

Tanz des Seins

Mache weit
den Raum
Deiner Seele.

Öffne Dich dem Sein.
Umarme, was Du ändern kannst,
gleichermaßen wie das,
was sich nicht ändern lässt.

Dann wird in Deiner Mitte
Schweigen, Freiheit
und Frieden sein.

Karin Balmer

Sinneswandel

Im Nebel
ging ich vor mich hin,
sinnend das Jahr zu wiegen.

Schönes und Schweres,
frag nach dem Sinn,
schweigend blieb manche Stimme,
die man gern vernommen.

Leg Freud und Schmerz
in die Hände dessen,
der mich schuf,
und frohen Sinnes
wag ich das Neue.

Karin Balmer

Sonne in der Nacht

Wenn ich mich in Deine Arme lege,
bin ich daheim.
Dann weiß ich: Zuhause ist,
wo man hingehört.

Selbst im Dunkel
bist Du mein Licht.

Deine Liebe ist meine Sonne
in der Nacht.
Jede Stunde mit Dir hat Ewigkeitswert

Karin Balmer

Schwerelos

Gedankenschwere Hindernisse
gemeinsam überwunden.
Freiheit erlangt aus Verwirrung.

Vor uns liegt Neuland.
Weite Räume lassen
uns neue Schritte wagen.

Liebe durchdringt alles.
Umfängt uns,
erhellt die Wege,
die vor uns liegen.
Durchwebt mit Erfolg
unsere Pläne.

Karin Balmer

Synergie

Wenn wir in einer Freundschaft
darauf sehen, welchen Nutzen
wir beide daraus ziehen,
fragend, was der andere braucht,
dann werden wir mit vereinten
Kräften uns gegenseitig fördern,
einen gemeinsamen Gewinn
zu erzielen.

Karin Balmer

Sinnfrage

Wenn Du auf der Lebensstraße
einen Weg zweimal gehen musst,
ist es wie bei meinem Kirschbaum
im Garten.
s genügt nicht, ihn einfach
wachsen zu lassen,
wie es sich ergibt.
Jedes Jahr müssen wir
die Zweige schneiden,
damit der Baum im nächsten Jahr
noch schönere Früchte trägt.

Karin Balmer

Seelenruh

Ein letzter Tanz
zum Abschied.

Noch einmal spür ich die Kraft,
Elfenkönig meiner Phantasie.
Ich muss nicht mehr
ins Elfenland fliehen,
weil die Rosen in meinem Tal
wieder blühen.

Du hast mit Deiner Zauberkraft
ein Licht in mir entzündet,
welches mir das Tor zum Land
der Seelenruh geöffnet hat.

Karin Balmer

Phantasia

Die Quelle meiner Worte
finde ich im Lande Phantasia.

Damit die Welt in ein Meer
von Farben und Wärme
hineintauchen kann.

Träume werden wahr.
Wir leben und lieben,
manchmal in unendlichen Tiefen,
welche uns erschauern lassen.

Karin Balmer

Reine Liebe

Zärtlich singt Deine Stimme
unser Lied.
Blumen, aus liebender Hand
gepflückt, sagen mehr
als tausend Worte.

Liebeszeichen,
welche das Feuer
der Liebe lodern lassen.
Unendlich wichtig und kostbar.

Liebster, Du bist teurer als Gold.
Deine Seele reiner als Diamanten.
Dein treues, liebevolles Herz
kostbarer als Rubin.

Bei Dir ist mein Herz daheim.
Ungeteilt gehört es Dir.

Karin Balmer

Mitten im Sturm

Novemberstürme
und raue Winde
durchdringen mein Herz.

Mein Lebenshaus mag erzittern,
doch niemals bis ins Fundament.

Hab auf den Fels gebaut,
auf dem ich Zuflucht finde.
Dort findet meine Seele Ruh,
mitten im Sturm.

Karin Balmer

Auftauen

In einer kalten Welt
gabst Du mir ein liebendes Herz,
mit welchem ich verwundete Seelen
berühren kann.

Damit mit dem Licht der Hoffnung
selbst in der Eiszeit Blumen blühen.

Karin Balmer

Polarsterne

Freunde sind wie Sterne,
die mein Innerstes
ins Lot bringen,
wenn mein Lebensboot
zu kentern droht.

Sie leuchten
in der finstersten Nacht,
und wie ein Kompass
öffnen sie mir ein Himmelsfenster,
damit ich wieder klar sehen
und meinen Weg gehen kann
bis ans Ziel.

Karin Balmer

Die Brücke

Das Leben gleicht einem Meer.
Schnell verwandelt sich
die ruhige See
in ein dunkles Ungeheuer.
Die Farbe des Wassers wechselt
von Himmelblau
bis Pechschwarz.

Wir erleben
die herrlichsten Sonnenuntergänge
und kalte, neblige Morgen.

Selbst im dunklen Moor
werden Deine engsten Weggefährten
die Brücke sein, welche selbst
Ozeane überwinden kann.
In deren Mitte Ihr Euch trefft,
um gemeinsam Eure Schritte zu festigen.

Karin Balmer

Vorwärts

Nutze Deine Talente!

Es gibt immer wieder Gründe,
es nicht zu tun.
Wenn Du anfängst,
mit Dir zu argumentieren,
hast Du den Fuß auf der Bremse.

Wer immer Dir Steine in den Weg legt,
dem gib zu verstehen,
dass Du sie als Pflastersteine
brauchen wirst,
um Deinen Weg
auszubauen.

Karin Balmer

Wegweiser

Bau Dir eine Brücke -
selbst im tiefsten Sumpf.

Bemal Deine grauen Wände
in den hellsten Farben.

Pflanze einen Baum,
da wo nichts mehr wächst.

Zeige Dir im Sturm
einen Fels, der niemals wankt.

Den Regenbogen setz ich in die Wolken,
der das Tor zum Himmel öffnet.

Selbst im dunklen Tunnel
beleuchte ich Deinen Weg.

Will Dir die Richtung weisen,
hinaus ans Sonnenlicht.

Karin Balmer

Vertrautheit

Liebe, so tief wie das Meer,
enger das Band durchs Leben.
Dennoch Raum für Fröhlichkeit,
als wär man noch ein Kind.

Ausgelassene Momente,
wieder frisch verliebt.
Zauberpulver nicht aufgebraucht
durch die Alltagswirren.

Gemeinsam Hand in Hand
durch ein neues Jahr.
Verbunden bleiben,
dennoch Freiraum bietend.

Lesen im Gesicht des Anderen,
aussprechen, was Du denkst.
Vertrautheit fließt von Herz zu Herz,
welche uns durchs Leben hilft.

Karin Balmer

Zu neuen Ufern

Manchmal kann
ein einziges Gespräch
mehr bewirken als
wochenlange Bemühungen.
In einer einzigen Stunde siehst Du so viel,
dass Du aufbrechen kannst
zu neuen Ufern.

Karin Balmer

Zufluchtsort

Wo die wilden Rosen blühen,
steht eine Bank.
Dort verweile ich, wenn ich müde bin.
Meine Seele muss nicht tapfer sein.
Ehrlich lass ich das Licht in Gedanken
und Gefühle scheinen.

Minuten verstreichen, als gäbe
es weder Raum noch Zeit.
Gestärkt geh ich weiter,
befreit und heiter.

Karin Balmer

Notstrom

Wenn Du
bis über Deine Grenzen hinaus gefordert bist
und Deine Kraft aufgebraucht,
kommst Du plötzlich an einen Punkt,
an welchem Du über ungeahnte Kräfte staunst.
Du wächst über Dich hinaus,
als ob in Deinem Innersten
ein Notstromaggregat wäre.

Karin Balmer

Neues Land

Wenn wir den Fluss
der Vergangenheit überqueren,
das Jetzt nicht drückt
und die Zukunft nicht belastet,
fühlt sich das an, als würde
man barfuß eine Wiese
im Morgentau betreten.
Kraftvoll spürst Du das Gras
unter Deinen Füssen.
Kostbar die Momente,
in welchen alles rund läuft.
Genieße die Leichtigkeit des Seins!

Karin Balmer

Im Einklang sein

Endlich passen die Schuhe.
Nicht zu groß und nicht zu klein.

Als könnte ich
in vorgespurten Wegen gehen,
auf welchen alles passt,
zum richtigen Zeitpunkt.

Nichts und niemand,
was uns begegnet, ist Zufall.
Sorgenfrei nehm ich alles,
wie es kommen soll
und wann immer es dran ist.

Karin Balmer

Lebenswanderung

Das Leben ist kein Sonntagsspaziergang
durch blühende Wiesen.
Manchmal gleicht es
einer Himalaya-Expedition.

Es braucht Helfer, um die Last zu tragen.
An manchen Stellen wird die Atemluft dünn.
Unüberwindbar der große Berg vor Dir.

Verliere nie das Gipfelkreuz aus den Augen.
Dann wirst Du nach den Strapazen
belohnt mit der herrlichsten Aussicht.

Karin Balmer

Gemeinsam

Ein Weg entsteht,
wenn man ihn geht.
Gemeinsam können wir viel erreichen.
Im Loslassen, was uns beschwert,
schaffen wir Freiraum.

Glaube an Dich
und zeige anderen,
dass Du an sie glaubst.

So wirst Du Lichter am Horizont sehen,
welche Du nie erahnt hättest.

Karin Balmer

Der unsichtbare Vorhang

Als groß der Schmerz
in meiner Seele,
suchte ich Zuflucht
beim Lindenbaum.
Oben auf des Hügels Spitze
sah ich über Himmel und Tal.

Ich rief die Namen der Lieben,
die mir vorausgegangen sind.
Tränenvoll suchte ich vergebens
nach Trost.
Da wehte der Wind
durch die Baumkrone,
als würde der Schöpfer
mir die Hand reichen
und einen Augenblick lang
das Fenster zum Himmel öffnen.

Ruhe und Frieden kehrten
in mein Herz zurück -
und die Gewissheit,
dass die Lieben nicht fern sind.
Sie sind vorausgegangen
mir eine Wohnung zu suchen,
in welcher wir eines fernen Tages
wieder vereint sein werden.

Karin Balmer

Seelenfenster

Wenn Deine Seele
im Einklang ist,
sehen Deine Augen
alles klar.
Was Dich umgibt,
erscheint Dir heller
und schöner zu sein.
Als ob jemand
mit einem Zauberstab
das Fenster zu Deinem Innersten
gereinigt hätte.

Karin Balmer

Freundschaftsband

Der Stoff, aus dem
ein Freundschaftsband gewebt ist,
darf alle Farben beinhalten.
Dunkle und helle,
zarte und starke.
Durchwebt mit
Ehrlichkeit, Lob und Kritik -
aber stets mit Respekt.

So wird auch
nach vielen Waschgängen
der Stoff nie brüchig sein.

Karin Balmer

Neue Spur

Gute Tage vermögen oft
die größten Verwirrungen
in Dir zu lösen.

Es fühlt sich an,
als wären die zerstreuten Fäden
in Dir auf eine neue Spule
geordnet worden.

Zwischen himmelhochjauchzend
und zu Tode betrübt
liegt ein Land,
welches Dich auffliegen lässt
in Höhen, auf welchen Du
kraftvoll annehmen kannst,
was immer Dir begegnen wird.

Karin Balmer

Wahre Größe

Wahre Größe zeigen oft die,
welche fast unsichtbar sind
in der Welt.
Wer klein scheint
in den Augen der Menschen,
hat oft viel mehr Charakter als der,
welcher von allen als groß bejubelt wird.

Karin Balmer

Stoffwechsel

Viele Jahre hab ich fremde Mäntel getragen.
Aus schwerem, kleinkariertem Stoff.
Selbsternannte Moralapostel haben
mich in ihre Zwangsjacken gesteckt.

Jetzt, ihr modernen Pharisäer,
hab ich eure Kleider verbrannt.
Damit sie niemandem mehr schaden können.
Ich atme frei in meiner selbstentworfenen Mode.
Mein Stoff ist leicht und bunt.

Karin Balmer

Siegreich

Auf dem dunklen Schachbrett der Eitelkeiten
haben es die weißen Figuren oft schwer.

Nur wer bereit ist, konsequent und unbeirrt
seinen Weg zu gehen, wird sich am Ende siegreich
lachend über die dunklen Felder bewegen und
den Kampf zwischen Gut und Böse gewinnen.

Netzwerk der Liebe

Keine Blume kann blühen
ohne das Licht der Sonne
Ein Baum trägt keine Frucht,
wenn seine Wurzeln ausgedörrt sind.
Kein Mensch kann sich entfalten
ohne die Wärme der Freundschaft.
Nur im Netzwerk der Liebe kann ein Mensch
mehr als nur überleben.

Wer dem Anderen ein Teil
seines Herzens schenkt, hilft ihm,
selbst in der Grube
das Licht der Hoffnung sehen.

Karin Balmer

Mit allen Sinnen

Geh durch die Welt
mit offenen Augen und Ohren.
Schmecke, was jeder Tag Dir Gutes schenkt.
Fühle den warmen Sonnenstrahl auf Deiner Haut.
Verschließe Dich nicht, sonst kann es passieren,
dass Du am Ende des Tages
manch kleines Wunder
am Wegrand verpasst hast.

Der Vogel vor Deinem Fenster,
die Wasserwelle auf dem See
oder das Lachen eines Kindes
sind Glückstaler auf Deinem Weg
und Boten des Himmels.

Karin Balmer

Echolot

Es ist, als würdest Du
mit einem feinen Sensor spüren,
auf welche Sandbank
mein Lebensschiff zusteuert.
Als hättest Du ein Echolot der Herzen,
welches Dir zeigt, was zu tun ist,
damit ich auf Kurs bleibe
und ohne Schiffbruch
durch die Meere segeln kann.

Karin Balmer

Rosenblüte

(für meine beste Freundin)

Du bist wie eine Rose,
welche nicht von dieser Welt ist.
Deine Schönheit verbreitet
den Duft der reinen Liebe.
Sie vermag manche Seele zu entzücken.
Kein Stachel ist sichtbar,
weil Deine Liebenswürdigkeit stärker ist
als alles Hässliche auf der Welt.
Mögst Du blühen und
mit Stärke und Kraft erfüllt sein.
Rosenblüten sollen Deinen Weg zieren und
Freundlichkeit und Liebe Deine Begleiter sein.

Deine Freundin
Karin

Herzensraum

Wenn Sehnsucht mein Herz durchwebt,
weil Du so fern und unerreichbar bist,
durchforsche ich mein Herz,
bis ich Dich erblicke
und weiß: Du bist ja da.

Wen ich im Herzen trage,
ist niemals weit weg.
Herzen kennen keine Distanzen

Karin Balmer

Grundfarbe

Wer ein Bild von Dir malt
nur mit seinen Farben,
gemischt auf der Palette von
Engstirnigkeit, Missgunst und Neid,
der wird nie bis zu Deiner Grundfarbe dringen.
Sein eigenes Lebensbild wird kahle Stellen
aufweisen, weil er sich selbst die Chance nimmt,
ein paar Tupfer kostbares Gold
auf seiner Leinwand zu verewigen.

Karin Balmer

Unbeschwert

Fröhlich lass ich meine Gedanken wandern,
dem Frühling gleich, ins Sonnenlicht.
Alles erscheint mir heller, klarer,
als ob meine Seele dem Schmetterling gleich
fortfliegen würde, um frei und unbeschwert
die Leichtigkeit des Seins zu genießen.

Karin Balmer

Einordnen

Der Blick in den Rückspiegel des Lebens sollte
stets mit einem versöhnten Auge geschehen,
damit die Bilder der Vergangenheit
nicht zu große Schmerzen auslösen und es gelingt,
sie in die richtigen Bahnen zu lenken.

Karin Balmer

Worte

Worte können aus Asche
wieder Schönheit zaubern,
dunkle Seelen beleuchten,
Kranken Halt bieten.

Leider auch Mauern bauen,
Seelen schwarz färben
und Herzen verwunden,
Gesunde lähmen.

Jedes Wort, welches Du aussprichst,
sollte zuerst beim Wächter
Deines Verstandes vorbeigehen,
ehe es unbedacht aus Deinem Mund kommt.
Denn einmal ausgesprochen,
kannst Du es nie wieder zurücknehmen.

Karin Balmer

Rückgrat

(für einen Freund)

Klar und aufrecht gehst Du Deinen Weg.
Kein Wind kann Dich brechen.

Selbst im stärksten Sturm
hältst Du Deine Fahne
nicht in den Wind der Allgemeinheit
Du bleibst Dir selber treu.

Mit Ehrlichkeit
Dir und Deinen Nächsten gegenüber
wirst Du nie im Einheitssumpf versinken

Kurz gesagt:
Du hast Rückgrat

Karin Balmer

Lebenslauf

Deine Wünsche und Ziele
verändern sich im Laufe Deines Lebens.
Gleich einem Fluss passen sie sich
den natürlichen Gegebenheiten
Deines Lebenslaufes an.

Schau nicht zurück, beweine keinen Stein,
welcher Deinen Weg verändert hat.
Hör nie auf, Dir neue Ziele zu setzen.

Denn nur, wer auf etwas zugeht,
kann arbeiten und leben.
Bleibst Du in Bewegung,
wird Dein Lebensfluss
niemals im Sand versickern.

Karin Balmer

Lebenskraft

Das Leben ist oft ein Kampf
zwischen Gut und Böse.
Zwei Stimmen in mir,
die unterschiedlicher nicht sein könnten:
Das Böse ist schrill und laut
und führt mich ins Verderben.
Das Gute klingt leise und zart
und führt mich kraftvoll
auf den Weg des Lebens.

Karin Balmer

Wüstenblume

Durch kargen Boden
bahnst Du Dir Deinen Weg,
trotzt allen Stürmen,
blühst, wo andere liegenblieben;
als Zeichen vieler,
welche Dich verhöhnten,
erhellen Deine Farben
das kalte Nichts

Karin Balmer

Küstenfeuer

Freunde sind wie Leuchttürme,
welche Dir den Weg nach Hause weisen,
wenn Dein Lebensboot zu kentern droht
auf stürmischer See

Karin Balmer

Seelenfreundschaft

Wir wohnen weit entfernt
und sind uns doch so nah.
Im Nebel zeig ich Dir die Sonne.
Im Gefühlsmeer ertrinkend
reichst Du mir die Hand
zu denselben Zielen.
Unsere Freundschaft
wärmt unsere Seelen
in einer kalten Welt.
Es ist schön, dass es Dich gibt.

Karin Balmer

Leichtigkeit des Seins

Es gibt sie -
jene wunderbaren
Glücksmomente,
in welchen Du tief in Dir
nichts als Ruhe spürst

Süße Leere,
kein Gedanke.
Arbeit fern
und Sorgen weit

Alles scheint möglich -
wunderbare Leichtigkeit
des Seins.

Karin Balmer

Kursänderung

Wenn in Deinem Lebensschiff
die Hoffnung nicht mitfährt
und der Wind der Träume fehlt,
wird es müde und schwach
in langsamer Fahrt dahingleiten.

Nie wieder wird es Kurs aufnehmen
ins Land der unbegrenzten Möglichkeiten.
Dein Frachtraum wird beladen sein
mit Angst und Sorgen.
Deine Feinde werden
Dein Lebensboot entern
und lachend verkünden,
dass sie Dich besiegt haben.

Steh auf,
nimm das Ruder,
setze die Segel
und ändere Deinen Kurs
in Richtung Meer des Glaubens!

Karin Balmer

Schreiben

Wie ein Maler seine Bilder,
der Komponist ein Lied
und der Regisseur einen Film
aus der Tiefe entstehen lässt,
so geht es uns Schreibern.

Wir schreiben,
weil wir das Leben kennen.
Wären wir nie bis in die
Abgründe der Seele gestiegen,
hätten wir nie geliebt,
den Schmerz der Sehnsucht erlitten
oder die Freuden der Höhen erklommen,
hätten wir nicht richtig gelebt.

Wir schreiben,
weil das, was wir durchleben,
fühlen und denken,
so viel Raum einnimmt in uns,
dass es sich Erweiterung sucht.

Karin Balmer

Liebe

Tief und groß
ist unsere Liebe;
die Jahresringe haben die Früchte
an unserem Liebesbaum
noch süßer werden lassen.

Kostbar, was uns verbindet -
ein Band, welches nie zerreißt,
erprobt in den Stürmen des Lebens,
eng zusammengeschweißt,
stark, um Liebe weiterzugeben.
Unendlich dankbar sehen wir
die Perlen der Zweisamkeit.

Karin Balmer

Nachwort und Dank

Es ist mir ein tiefes Anliegen, all jenen, welche mich schon viele Jahre begleiten, mich fördern, herausfordern, aufrichten und nie aufhören, an mich zu glauben, von ganzem Herzen zu danken:

Bernhard und Benjamin Balmer,
Conny, Heinz, David und Dario Balmer sowie
Norbert, Jeannette und Alexander van Tiggelen.

Impressum:

Titel-Foto:
Karin Balmer

Alle Texte:
Karin Balmer

Herstellung und Verlag:
BoD – Books on Demand, Norderstedt
ISBN: 978-3-7347-6614-5